Les Chimères

Gérard de Nerval

© 2019 Gérard de Nerval (domaine public)
Edition : Books on Demand, 12/14, Rond-Point des Champs-Elysées, 75008 Paris (France)
Impression : Books on Demand GmbH,
Norderstedt (Allemagne).
ISBN : 9782322093014
Dépot légal : avril 2019

A Propos Nerval:

Gérard de Nerval est né le dimanche 22 mai 1808, au 168 rue Saint-Martin à Paris. Deux ans plus tard, sa mère meurt en Silésie alors qu'elle accompagnait son mari, médecin militaire de la Grande armée napoléonienne. Il est élevé par son grand-oncle maternel, Antoine Boucher, dans la campagne du Valois à Mortefontaine. Installé à Paris en 1814, lors du retour de son père, il reviendra régulièrement dans ces lieux évoqués dans nombre de ses nouvelles. Encore lycéen, il se signale par ses traductions de Faust (1828), puis d'Hoffmann et d'autres œuvres de Goethe, qui ont longtemps gardé la réputation de compter parmi les meilleures qui soient. La première de celles-ci, simplement signée « Gérard », paraît en novembre 1827 et ne porte que sur la première partie du chef-d'œuvre, la seule connue alors. Goethe apprécia grandement le travail, allant jusqu'à dire qu'il aurait écrit sa pièce ainsi s'il avait dû l'écrire en français. Le compositeur Hector Berlioz s'en inspirera pour son opéra la Damnation de Faust. Nerval se lie d'amitié avec Théophile Gautier, Victor Hugo et Alexandre Dumas. Avec Petrus Borel, il devient l'un des premiers membres des "Jeunes-France". Il soutient activement Hugo lors de la bataille d'Hernani déclenchée le 25 février 1830 au cours de sa première représentation. En 1835, il s'installe rue du Doyenné chez Camille Rougier où tout un groupe de romantiques s'y retrouve. En

1846, il s'installe au "Château des brouillards" de Montmartre. Il décrira cette époque dans un ouvrage sur le théâtre contemporain qui paraîtra en 1852. En 1836, il s'éprend de l'actrice Jenny Colon qui ne le lui rend pas. Il lui voue un culte idolâtre même après la mort de celle-ci : figure de la Mère perdue, mais aussi de la Femme idéale où se mêlent, dans un syncrétisme caractéristique de sa pensée, Marie, Isis, la reine de Saba... À partir de 1841, il connaît plusieurs crises de démence qui le conduisent à la maison de santé du docteur Blanche. Ses séjours dans cet établissement alternent avec des voyages en Allemagne et au Moyen-Orient. Son Voyage en Orient paraît en 1851. Il affirme dans une lettre au docteur Blanche datée du 22 octobre 1853, avoir été initié aux mystères druzes lors de son passage en Syrie, où il aurait atteint le grade de « refit », l'un des plus élevés de cette confrérie. Toute son œuvre est fortement teintée d'ésotérisme et de symbolisme, notamment alchimique. Entre 1844 et 1847, Nerval voyage en Belgique, en Hollande, à Londres... et rédige des reportages et impressions de voyages. En même temps, il travaille comme nouvelliste et auteur de livrets d'opéra ainsi que comme traducteur des poèmes de son ami Heinrich Heine (recueil imprimé en 1848). Nerval vit ses dernières années dans la détresse matérielle et morale. C'est à cette période qu'il écrira ses principaux chefs-d'œuvre, réalisés pour se purger de ses

émotions sur les conseils du docteur Blanche : les Filles du feu, Aurélia ou le rêve et la vie (1853-1854). Le 26 janvier 1855, on le retrouva pendu aux barreaux d'une grille qui fermait un égout de la rue de la Vieille-Lanterne, dans le « coin le plus sordide qu'il ait pu trouver », selon la formule de Baudelaire. Ses amis émirent l'hypothèse d'un assassinat perpétré par des rôdeurs, au cours d'une de ses promenades habituelles dans des lieux mal famés, mais il s'est certainement suicidé. Toutefois le doute subsiste car il fut retrouvé avec son chapeau sur la tête alors qu'il aurait normalement du tombé du fait de l'agitation provoquée par la strangulation. On retrouva une lettre dans laquelle il demandait 300 Francs, somme qui, selon lui, aurait suffit pour survivre durant l'hiver. La cérémonie funéraire eût lieu à la cathédrale de Notre-Dame de Paris, cérémonie religieuse qui lui fut accordée malgrés son suicide présumé du fait de son état mental. Théophile Gautier et Arsène Houssaye payèrent pour lui une concession au cimetière du Père-Lachaise.
Source: Wikipédia

Chapitre 1

EL DESDICHADO

Je suis le ténébreux, - le veuf, - l'inconsolé,
Le prince d'Aquitaine à la tour abolie:
Ma seule *étoile* est morte, - et mon luth constellé
Porte le *soleil* noir de la *Mélancolie*.

Dans la nuit du tombeau, toi qui m'as consolé,
Rends-moi le Pausilippe et la mer d'Italie,
La *fleur* qui plaisait tant à mon coeur désolé
Et la treille où le pampre à la rose s'allie.

Suis-je Amour ou Phébus?... Lusignan ou Biron?
Mon front est rouge encor du baiser de la reine;
J'ai rêvé dans la grotte où nage la sirène…

Et j'ai deux fois vainqueur traversé l'Achéron:
Modulant tour à tour sur la lyre d'Orphée
Les soupirs de la sainte et les cris de la fée.

Chapitre 2

MYRTHO

Je pense à toi, Myrtho, divine enchanteresse,
Au Pausilippe altier, de mille feux brillant,
A ton front inondé des clartés d'Orient,
Aux raisins noirs mêlés avec l'or de ta tresse.

C'est dans ta coupe aussi que j'avais bu l'ivresse,
Et dans l'éclair furtif de ton oeil souriant,
Quand aux pieds d'Iacchus on me voyait priant,
Car la Muse m'a fait l'un des fils de la Grèce.

Je sais pourquoi, là-bas, le volcan s'est rouvert...
C'est qu'hier tu l'avais touché d'un pied agile,
Et de cendres soudain l'horizon s'est couvert.

Depuis qu'un duc normand brisa tes dieux d'argile,
Toujours, sous les rameaux du laurier de Virgile,
Le pâle Hortensia s'unit au Myrte vert!

Chapitre 3

HORUS

Le dieu Kneph en tremblant ébranlait l'univers:
Isis, la mère, alors se leva sur sa couche,
Fit un geste de haine à son époux farouche
Et l'ardeur d'autrefois brilla dans ses yeux verts.

"Le voyez-vous, dit-elle, il meurt, ce vieux pervers,
Tous les frimas du monde ont passé par sa bouche,
Attachez son pied tors, éteignez son oeil louche,
C'est le dieu des volcans et le roi des hivers!

L'aigle a déjà passé, l'esprit nouveau m'appelle,
J'ai revêtu pour lui la robe de Cybèle…
C'est l'enfant bien-aimé d'Hermès et d'Osiris!"

La déesse avait fui sur sa conque dorée,
La mer nous renvoyait son image adorée,
Et les cieux rayonnaient sous l'écharpe d'Iris.

Chapitre 4

ANTEROS

Tu demandes pourquoi j'ai tant de rage au coeur
Et sur un col flexible une tête indomptée;
C'est que je suis issu de la race d'Antée,
Je retourne les dards contre le dieu vainqueur.

Oui, je suis de ceux-là qu'inspire le Vengeur,
Il m'a marqué le front de sa lèvre irritée;
Sous la pâleur d'Abel, hélas! ensanglantée,
J'ai parfois de Caïn l'implacable rougeur!

Jéhovah! le dernier, vaincu par ton génie,
Qui, du fond des enfers, criait: "O tyrannie!"
C'est mon aïeul Bélus ou mon père Dagon…

Ils m'ont plongé trois fois dans les eaux du Cocyte,

Et, protégeant tout seul ma mère Amalécyte,
Je ressème à ses pieds les dents du vieux dragon.

Chapitre 5

DELFICA

La connais-tu, Dafné , cette ancienne romance,
Au pied du sycomore, ou sous les lauriers blancs,
Sous l'olivier, le myrte, ou les saules tremblants,
Cette chanson d'amour qui toujours recommence?...

Reconnais-tu le Temple au péristyle immense,
Et les citrons amers où s'imprimaient tes dents,
Et la grotte, fatale aux hôtes imprudents,
Où du dragon vaincu dort l'antique semence?...

Ils reviendront, ces dieux que tu pleures toujours!
Le temps va ramener l'ordre des anciens jours;
La terre a tressailli d'un souffle

prophétique...

Cependant la sibylle au visage latin
Est endormie encor sous l'arc de Constantin
- Et rien n'a dérangé le sévère portique.

Chapitre 6

ARTEMIS

La Treizième revient... C'est encor la première;
Et c'est toujours la seule, - ou c'est le seul moment;
Car es-tu reine, ô toi! la première ou dernière?
Es-tu roi, toi le seul ou le dernier amant?...

Aimez qui vous aima du berceau dans la bière;
Celle que j'aimai seul m'aime encor tendrement:
C'est la mort - ou la morte... O délice! ô tourment!
La rose qu'elle tient, c'est la *Rose trémière.*

Sainte napolitaine aux mains pleines de feux,
Rose au coeur violet, fleur de sainte Gudule:

As-tu trouvé ta croix dans le désert des cieux?

Roses blanches, tombez! vous insultez nos dieux,
Tombez, fantômes blancs, de votre ciel qui brûle:
- La sainte de l'abîme est plus sainte à mes yeux!

Chapitre 7

LE CHRIST AUX OLIVIERS

Dieu est mort! le ciel est vide...
Pleurez! enfants, vous n'avez plus de père!
JEAN-PAUL

I.

Sous les arbres sacrés, comme font les poètes
Se fut longtemps perdu dans ses douleurs muettes,
Et se jugea trahi par des amis ingrats,

Il se tourna vers ceux qui l'attendaient en bas
Rêvant d'être des rois, des sages, des prophètes...
Mais engourdis, perdus dans le sommeil des bêtes,
Et se prit à crier: "Non, Dieu n'existe pas!"

Ils dormaient. "Mes amis, savez-vous

la nouvelle?
J'ai touché de mon front à la voûte éternelle;
Je suis sanglant, brisé, souffrant pour bien des jours!

Frères, je vous trompais: Abîme! abîme! abîme!
Le dieu manque à l'autel où je suis la victime…
Dieu n'est pas! Dieu n'est plus!" Mais ils dormaient toujours!…

II.

Et j'ai perdu mon vol dans leurs chemins lactés,
Aussi loin que la vie, en ses veines fécondes,
Répand des sables d'or et des flots argentés:

Partout le sol désert côtoyé par des ondes,
Des tourbillons confus d'océans agités…
Un souffle vague émeut les sphères vagabondes,
Mais nul esprit n'existe en ces immensités.

En cherchant l'oeil de Dieu, je n'ai vu qu'une orbite
Vaste, noir. et sans fond, d'où la nuit qui

l'habite
Rayonne sur le monde et s'épaissit toujours;

Un arc-en-ciel étrange entoure ce puits sombre,
Seuil de l'ancien chaos dont le néant est l'ombre,
Spirale engloutissant les Mondes et les Jours!

III.

Froide Nécessité!... Hasard qui, t'avançant
Parmi les mondes morts sous la neige éternelle,
Refroidis, par degrés, l'univers pâlissant,

Sais-tu ce que tu fais, puissance originelle,
De tes soleils éteints, l'un l'autre se froissant...
Es-tu sûr de transmettre une haleine immortelle,
Entre un monde qui meurt et l'autre renaissant?...

O mon père! est-ce toi que je sens en moi-même?
As-tu pouvoir de vivre et de vaincre la mort?
Aurais-tu succombé sous un dernier

effort

De cet ange des nuits que frappa
l'anathème?...
Car je me sens tout seul à pleurer et
souffrir;
Hélas! et, si je meurs, c'est que tout va
mourir!"

IV.

Livrant au monde en vain tout son coeur
épanché;
Mais prêt à défaillir et sans force penché,
Il appela le seul - éveillé dans Solyme:

"Judas! lui cria-t-il, tu sais ce qu'on
m'estime,
Hâte-toi de me vendre, et finis ce
marché:
Je suis souffrant, ami! sur la terre
couché...
Viens! ô toi qui, du moins, as la force du
crime!"

Mais Judas s'en allait, mécontent et
pensif,
Se trouvant mal payé, plein d'un remords
si vif
Qu'il lisait ses noirceurs sur tous les murs
écrites...

Enfin Pilate seul, qui veillait pour César,

Sentant quelque pitié, se tourna par hasard:
"Allez chercher ce fou!" dit-il aux satellites.

V.

Cet Icare oublié qui remontait les cieux,
Ce Phaéton perdu sous la foudre des dieux,
Ce bel Atys meurtri que Cybèle ranime!

L'augure interrogeait le flanc de la victime,
La terre s'enivrait de ce sang précieux…
L'univers étourdi penchait sur ses essieux,
Et l'Olympe un instant chancela vers l'abîme.

"Réponds! criait César à Jupiter Ammon,
Quel est ce nouveau dieu qu'on impose à la terre?
Et si ce n'est un dieu, c'est au moins un démon… "

Mais l'oracle invoqué pour jamais dut se taire;
Un seul pouvait au monde expliquer ce mystère:
- Celui qui donna l'âme aux enfants du limon.

Chapitre 8

VERS DORES

Eh quoi! tout est sensible.
PYTHAGORE

Homme! libre penseur! te crois-tu seul pensant
Dans ce monde où la vie éclate en toute chose?
Des forces que tu tiens ta liberté dispose,
Mais de tous tes conseils l'univers est absent.

Respecte dans la bête un esprit agissant:
Chaque fleur est une âme à la Nature éclose;
Un mystère d'amour dans le métal repose;
"Tout est sensible!" Et tout sur ton être est puissant.

Crains, dans le mur aveugle, un regard qui t'épie:
A la matière même un verbe est

attaché...
Ne la fais pas servir à quelque usage impie!

Souvent dans l'être obscur habite un Dieu caché;
Et, comme un oeil naissant couvert par ses paupières,
Un pur esprit s'accroît sous l'écorce des pierres!